INHALT

▸ 12

Servietten falten

Kaum etwas peppt einen schön gedeckten Tisch schneller auf als eine raffiniert gefaltete Serviette. Damit zaubern Sie im Handumdrehen einen Blickfang auf jede Festtafel.

Ob einfach und wirkungsvoll oder raffiniert und beeindruckend gefaltet, figürlich geformt oder mit dem gewissen Etwas – hier finden Sie bestimmt die passende Serviettenfaltung für Ihren Anlass! Neben den klassischen Serviettenfaltungen und neuen Faltideen gibt es auch Anregungen zu selbst gemachten Serviettenringen und mehr. Kurz: Das perfekte Nachschlagewerk für engagierte Gastgeber!

Dank der genauen Faltzeichnungen und wertvollen Tipps gelingen auch kompliziert anmutende Serviettenfaltungen schnell und einfach und lassen Ihnen noch genügend Zeit für weitere Fest-Vorbereitungen.

Viel Spaß beim Feiern und guten Appetit!

Einfache Faltungen

Es braucht nicht viel, um einen Tisch wirkungsvoll in Szene zu setzen: schönes Geschirr, einen hübschen Blumenstrauß und dekorativ gefaltete Servietten. Hier finden Sie Ideen, die ruck, zuck gefaltet sind und Ihren Esstisch sofort zum Blickfang machen. Ideal für Feiern im Freundeskreis, kleine Familienfeste und Partys.

Stehender Fächer

für die Festtafel

1 Die Serviette als Quadrat auf den Tisch legen, dabei liegt die linke Seite oben. Dann die Serviette genau in der Mitte nach oben brechen (Abb. 1).

2 Die Serviette mit der schmalen Seite, also hochkant, auf den Tisch legen und bis knapp über die Mitte in ca. 2 cm breite Ziehharmonika-Falten brechen (Abb. 2).

3 Mit nach unten liegender Faltung die Serviette genau in der Mitte brechen (Abb. 3).

4 Das glatte Stück der Serviette diagonal nach unten falten (Abb. 4).

5 Den überstehenden Teil wieder nach oben falten. Zum Schluss die Serviette auffächern und mit der Spitze nach oben aufstellen (Abb. 5).

MATERIAL

* Stoffserviette in Weiß, 50 cm x 50 cm

1

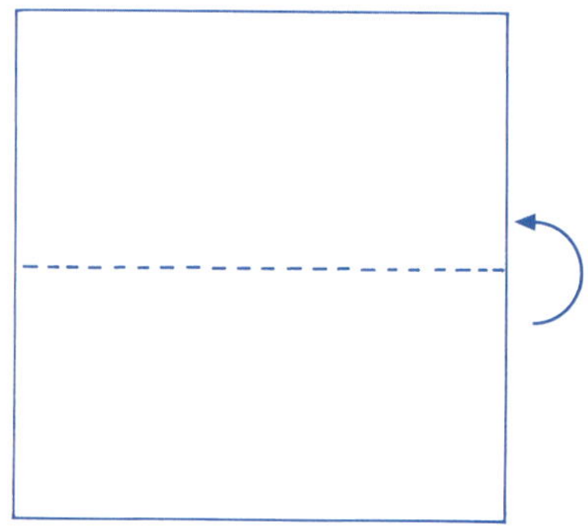

2

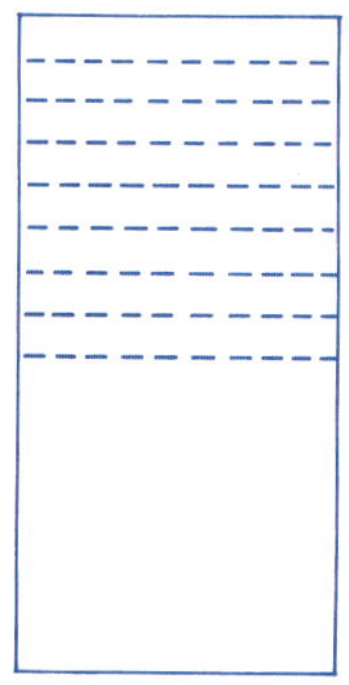

3

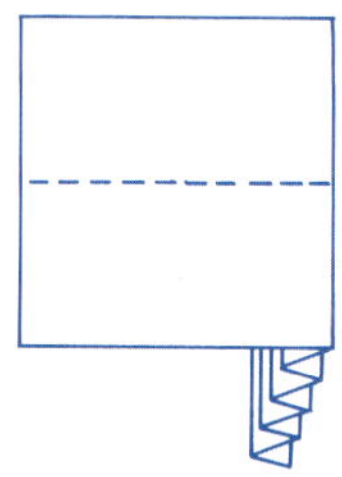

4

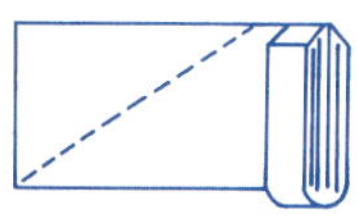

5

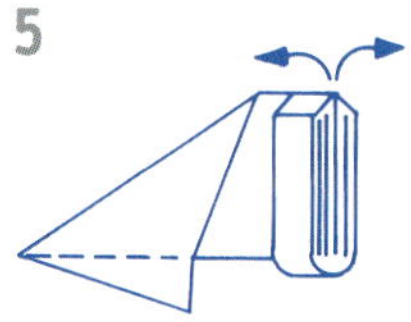

Variation

Wenn Sie den Fächer so aufstellen, dass die Faltung nach vorne zeigt, dann sieht er sofort ganz anders aus (siehe Abbildung).

Spitzhut

einfach, aber wirkungsvoll

1

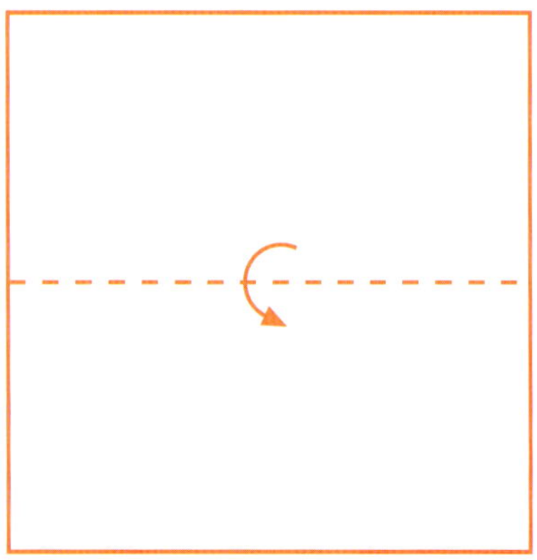

2

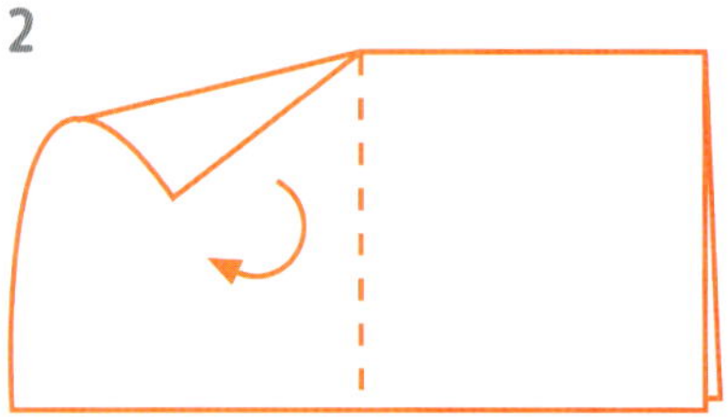

3

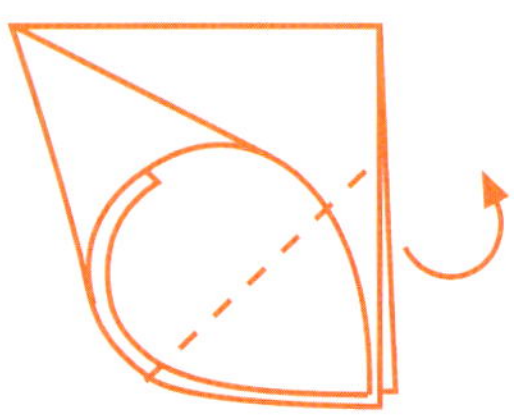

4

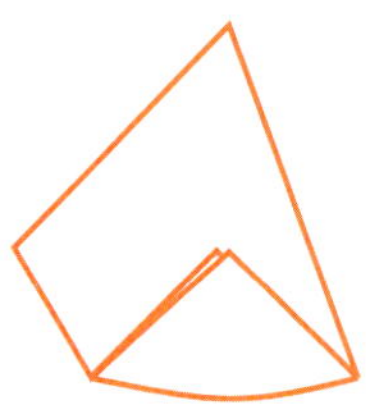

MATERIAL

* Vliesserviette mit Blumenmuster in Lachs, 40,5 cm x 40,5 cm

1 Die Serviette als Quadrat auf den Tisch legen und in der Mitte nach unten brechen (Abb. 1).

2 Die Mitte markieren und die linke Hälfte als Tüte zur Mitte hin einrollen (Abb. 2).

3 Die Tüte über die rechte Seite der Serviette rollen, sodass Ecke auf Ecke liegt (Abb. 3).

4 Die Tüte umdrehen und die untere Spitze nach oben schlagen. Eine Ecke steht frei nach außen (Abb. 4.). Die Faltung etwas ausbeulen und aufstellen.

Mein Tipp für Sie

Falten mit Papierservietten Diese Faltung kann auch mit jeder Papierserviette gemacht werden. Allerdings wird die Figur dann kleiner.

Knoten

rustikal

1

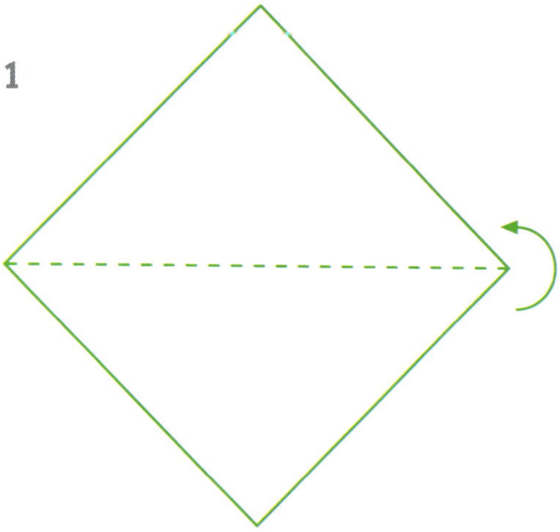

2

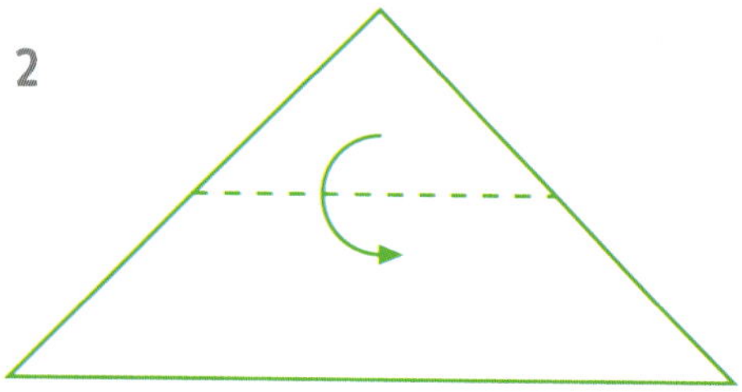

3

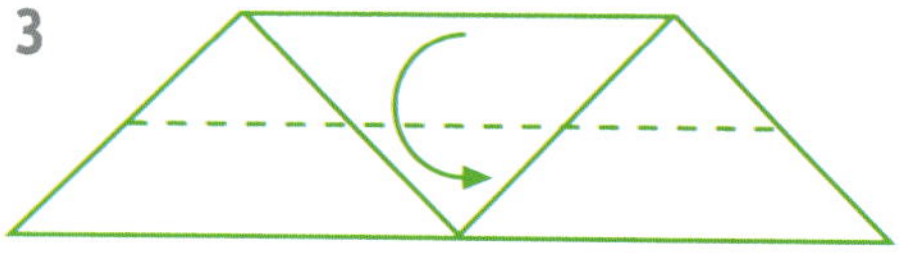

4

5

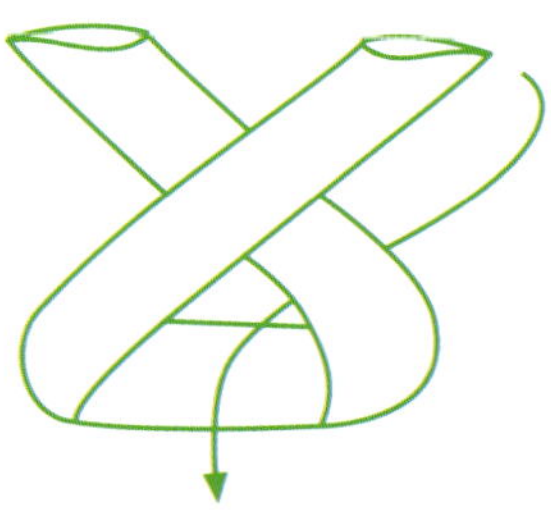

MATERIAL

* Stoffserviette in Gelb, 40 cm x 40 cm

1 Die Serviette als Quadrat, das auf der Spitze steht, auf den Tisch legen und nach oben zu einem Dreieck brechen (Abb. 1).

2 Die Spitze des Dreiecks zweimal nach unten brechen, bis ein schmales Band auf dem Tisch liegt (Abb. 2, 3 und 4).

3 Beide Enden zu einem Knoten verschlingen (Abb. 5).

Mein Tipp für Sie

Als Bestecktasche In diesen Knoten können Sie Besteck oder aber auch Blüten stecken.

Schleife

verleiht Papierservietten Pfiff

1 Die Serviette als Quadrat auf den Tisch legen, dabei liegt die Rückseite (= unifarbene Seite) der Serviette oben. Alle vier Ecken zur Mitte hin brechen (Abb. 1 und 2).

2 Die Mitte zusammenkräuseln, das Dekoband darüber binden und locker verknoten (Abb. 3).

MATERIAL

* Papierserviette mit Blümchenmuster in Weiß, 33 cm x 33 cm
* Dekoband in Pink, 1 cm breit, 50 cm lang

1

2

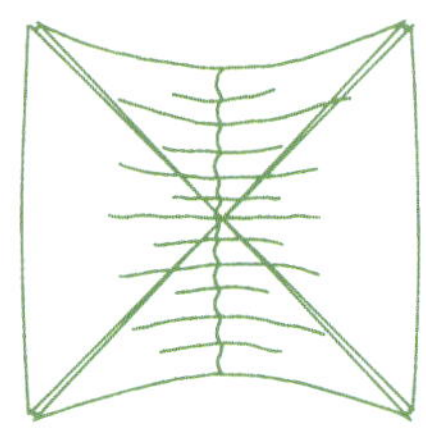

3

Mein Tipp für Sie

Mit Zusatznutzen Wer will, hängt noch ein kleines Namensschildchen an ein Bandende, dann kann die Serviettenfaltung gleichzeitig als Platzkärtchen dienen.

Flöte

für die Party

MATERIAL

* Papierserviette mit Streifenmuster in Bunt, 33 cm x 33 cm

1 Die Serviette als Quadrat auf den Tisch legen und genau in der Mitte nach oben brechen (Abb. 1).

2 Die Mitte des Rechtecks markieren. Dazu die Serviette in der Mitte falten und wieder auffalten. Dann die obere linke Ecke diagonal tutenförmig bis zur Mitte aufrollen (Abb. 2).

3 Die rechte Seite ebenso bis zur Mitte aufrollen (Abb. 3).

1

2

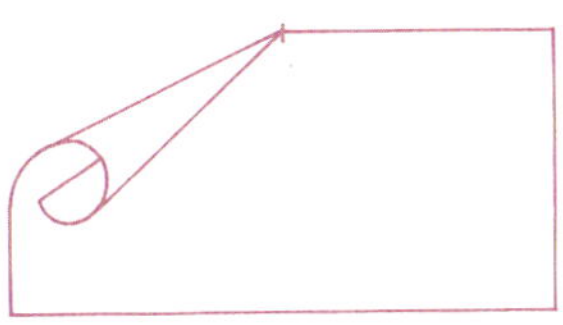

3

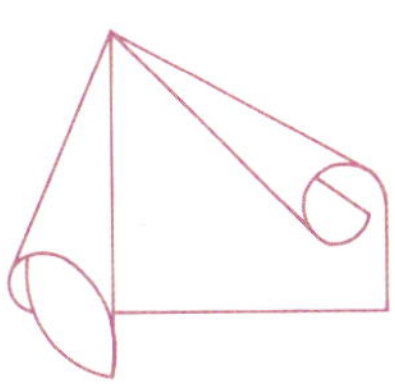

Bestecktasche

raffiniert

1 Die Serviette als Quadrat auf den Tisch legen, die linke Seite liegt oben. Die Serviette genau in der Mitte nach oben brechen und dann einmal nach rechts (Abb. 1 und 2).

2 Alle geöffneten Seiten schauen nun nach rechts oben. Die obere Lage zur Hälfte nach unten brechen, dann wieder einmal nach oben brechen und die Spitze über die Hauptdiagonale nach innen stecken (Abb. 3 und 4).

3 Die folgende Lage einmal nach unten brechen und die Spitze unter das schon gefaltete Teil stecken, sodass zwei übereinander liegende Bänder entstehen (Abb. 5).

4 Die linke und die rechte Seite nach hinten legen, damit sich ein schmales Rechteck ergibt (Abb. 6 und 7).

MATERIAL

* Stoffserviette in Creme, 50 cm x 50 cm

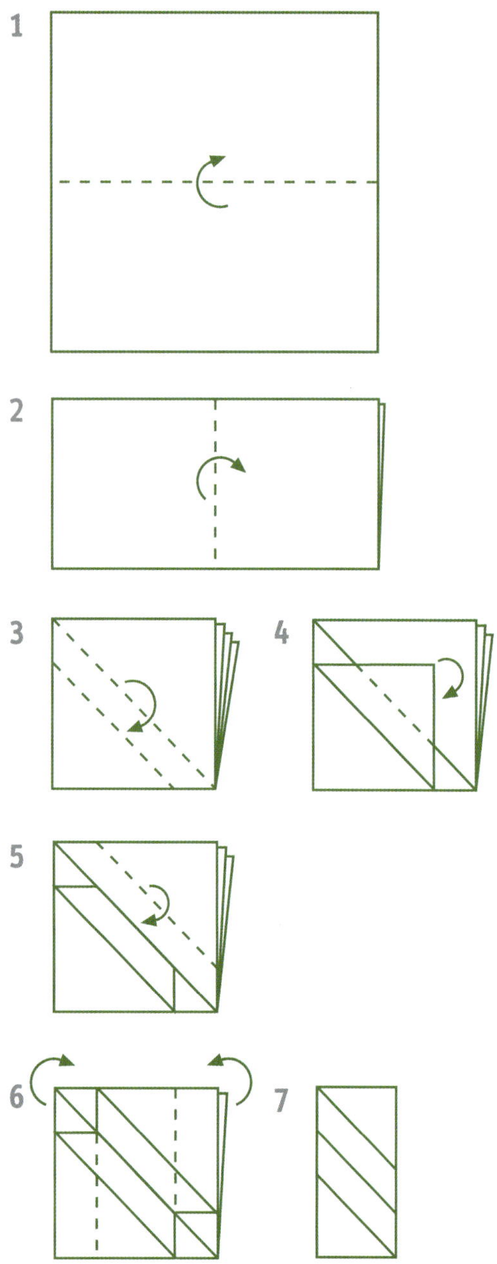

Festliche Faltungen

Zu besonderen Anlässen wie Taufen, runden Geburtstagen, Hochzeiten, Jubiläen und mehr gehören auch besondere Serviettenfaltungen. Diese sind zwar etwas aufwändiger zu arbeiten, aber die Mühe lohnt sich. Verzaubern Sie Ihre Festtafel mit der romantischen Lotosblüte oder dem raffinierten Pfau – garantiert ein Hingucker!

Pfau

wirkungsvoll

1 Die Serviette als Quadrat auf den Tisch legen, die linke Seite liegt dabei oben. Dann die Serviette in der Mitte nach oben brechen (Abb. 1).

2 Die Serviette nochmals in der Mitte zur Seite brechen (Abb. 2).

3 Die obere der vier Lagen an der Spitze beginnend ziehharmonikaartig bis zur Mitte falten (Abb. 3 und 4) und den so entstandenen Fächer fest andrücken.

4 Die Serviette entlang der senkrechten Mittellinie nach hinten zum Dreieck zusammenfalten (Abb. 5 und 6).

5 Die freien Enden nach hinten umschlagen und ineinander stecken (Abb. 7). Der Fächer faltet sich dann auf (Abb. 8).

Variation

Wenn Sie die Serviette auf dem Teller etwas drehen, sieht sie ganz anders aus (siehe Abbildung).

MATERIAL

* Stoffserviette in Rosa, 50 cm x 50 cm

1

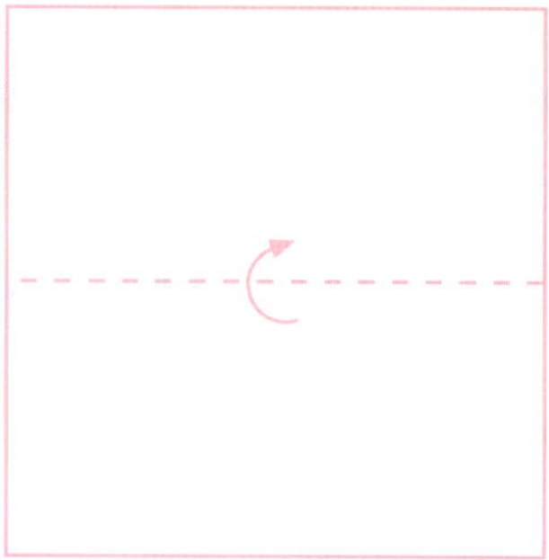

2

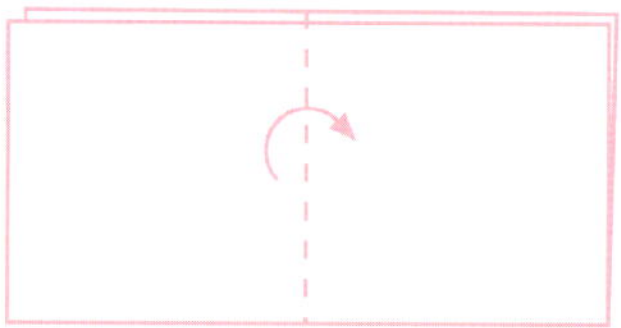

3

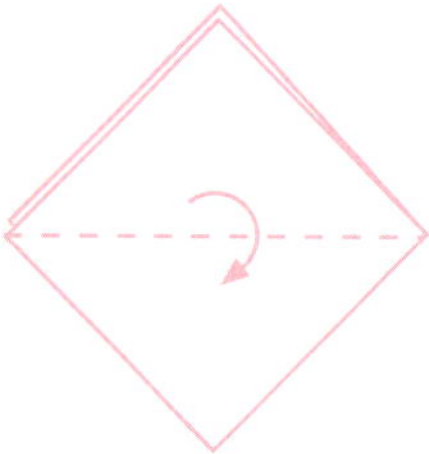

4

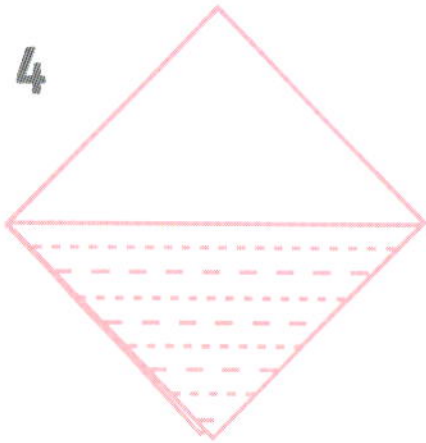

5

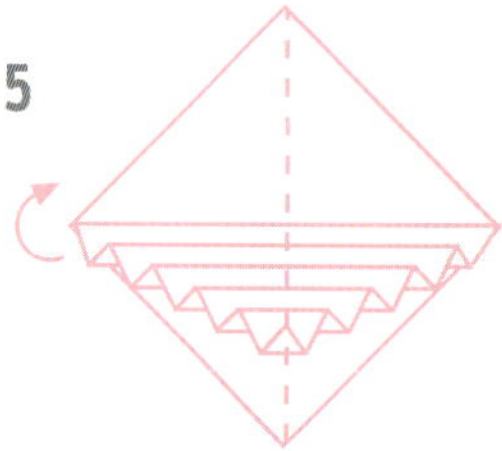

6

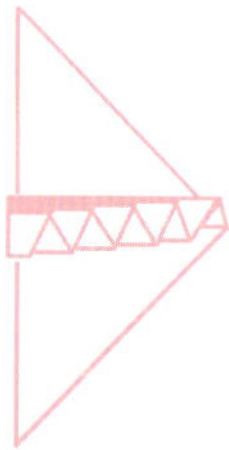

7

8

Stern

für besondere Gelegenheiten

MATERIAL

* Stoffserviette in Apricot, 50 cm x 50 cm

1 Die Serviette als Quadrat auf den Tisch legen, die linke Seite liegt oben. Das obere Viertel nach unten zur Mitte brechen, das untere Viertel nach oben. (Abb. 1 und 2).

2 Die Serviette wenden und einmal zur Hälfte nach oben brechen (Abb. 3). Die offenen Seiten liegen unten.

3 Das schmale Band von links nach rechts in ca. 6 cm breite Falten legen, indem die Serviette immer abwechselnd vor und zurück gebrochen wird (Abb. 4).

4 Die gefächerte Serviette fest am hinteren Ende zusammenknehmen. Die Spitzen der tief liegenden Falten der unteren und oberen Stoffkante einzeln nach oben und unten ziehen (Abb. 5 und 6), bis die Kanten dieser Falten an den Bruchlinien der vorstehenden Falten liegen (Abb. 7). Dabei die Serviette jedes Mal, nachdem die Spitzen hervorgeholt worden sind, wieder fest zusammendrücken, damit sich die kleinen diagonalen Knicke der Spitze herausbilden.

5 Die Serviette wenden (Abb. 8) und auf der hinteren Seite in der gleichen Technik die tiefen Spitzen der Falten entlang der Ober- und Unterkante nach unten und oben ziehen (Abb. 9, 10 und 11). Auch diese Spitzen durch Zusammenpressen der jeweiligen Falten sorgfältig ausarbeiten.

6 Die fertige Krone aufstellen, indem einfach vorsichtig das obere Teil seitlich auseinander gezogen wird (Abb. 12). Auf der gefalteten Unterkante stehend und von den seitlichen, umgeknickten Ecken der Stofflagen gestützt steht die Krone ohne weitere Hilfe.

Mein Tipp für Sie

Servietten stärken Für diese Faltung sollten Sie auf alle Fälle gut gestärkte Stoffservietten verwenden.

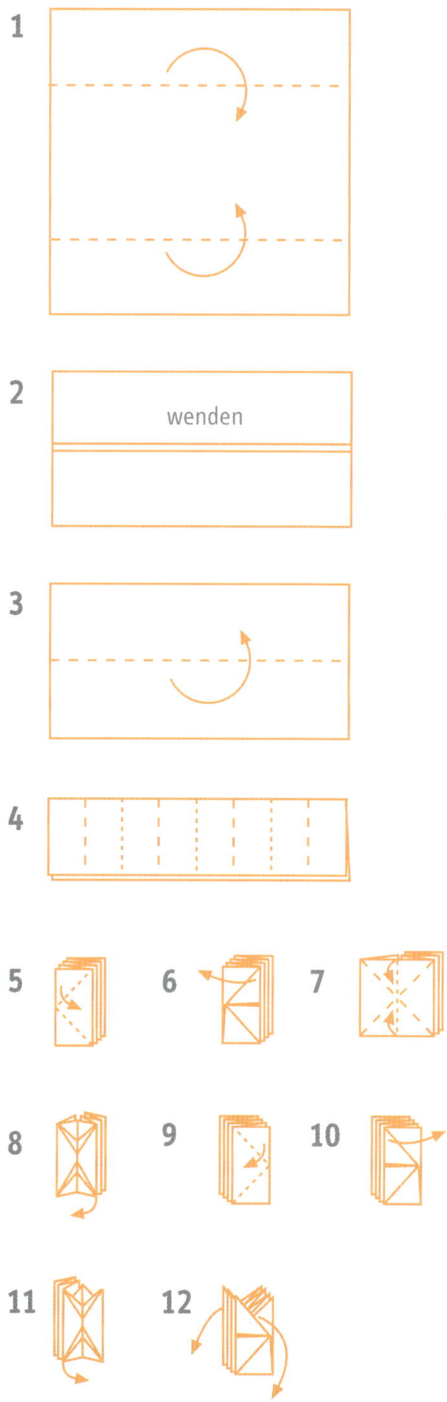

Hut mit Katzengras

originell

1
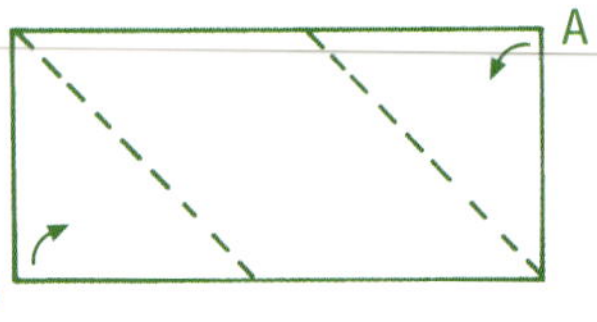

2
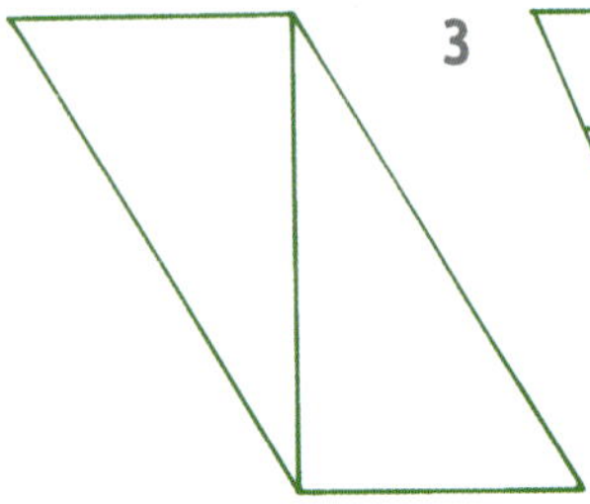

3
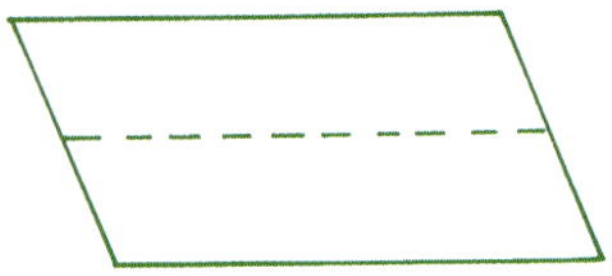

4
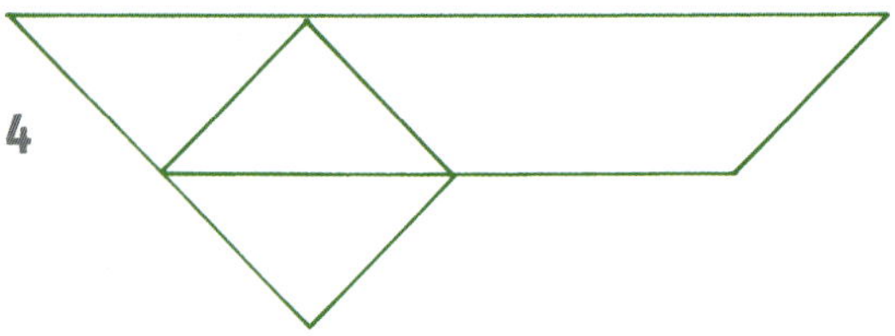

5
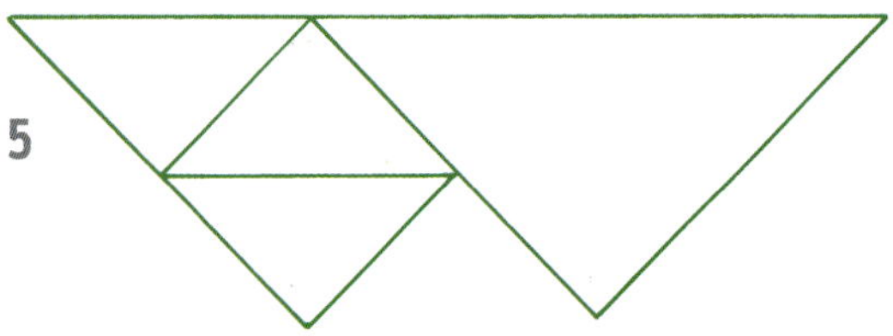

6
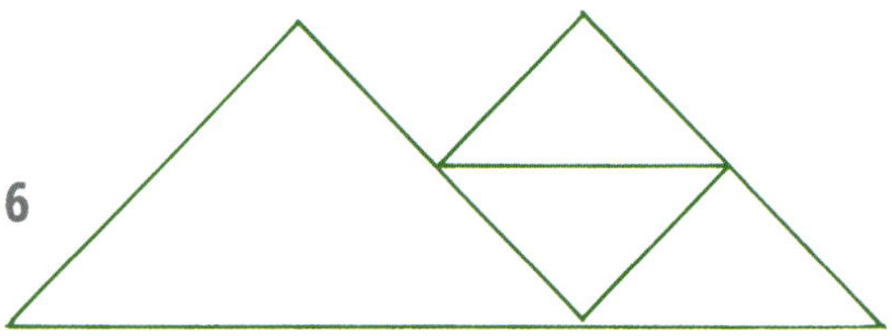

7
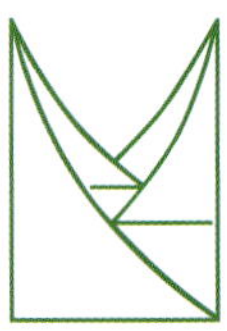

MATERIAL

* Stoffserviette in Weiß, 50 cm x 50 cm
* Katzengras im Topf, ø 8 cm

1 Die Serviette als Quadrat auf den Tisch legen und in der Mitte von unten nach oben brechen. Die offene Seite zeigt jetzt nach oben. Dann wie eingezeichnet die Ecke A nach unten und die Ecke B nach oben falten (Abb. 1 und 2).

2 Die Serviette wenden und so drehen, dass die langen Seiten horizontal liegen. Die Serviette nun zur Hälfte in Längsrichtung nach oben falten (Abb. 3).

3 Die unten liegende linke Spitze schaut nach unten (Abb. 4).

4 Die rechte Spitze herausziehen (Abb. 5).

5 Die Serviette drehen (Abb. 6) und die äußeren Spitzen ineinander stecken (Abb. 7).

6 Das Katzengras in die Serviette stellen.

Mein Tipp für Sie

Katzengras aussäen Wenn Sie wollen, können Sie das Katzengras auch selbst ziehen. Säen Sie dieses ca. 14 Tage vorher ein, damit es für die Dekoration groß genug ist.

Serviettentasche

aus zwei Servietten gefaltet

1
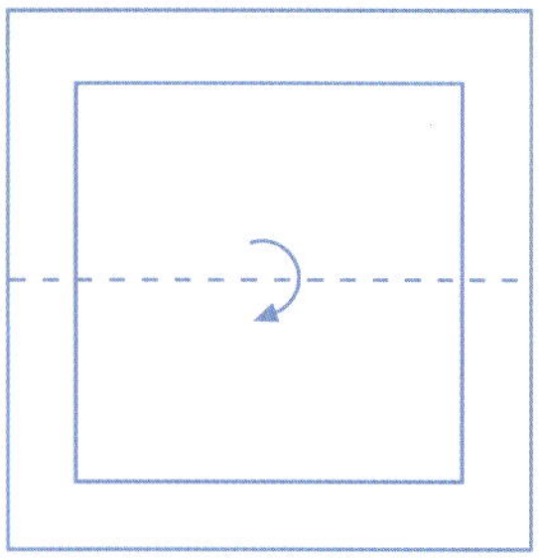

2
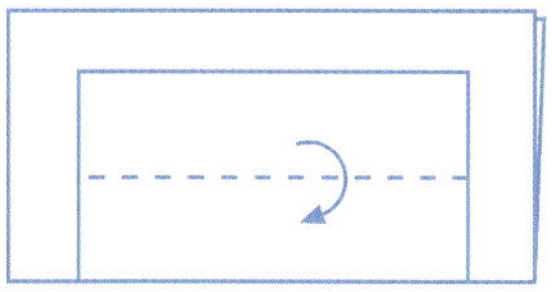

3
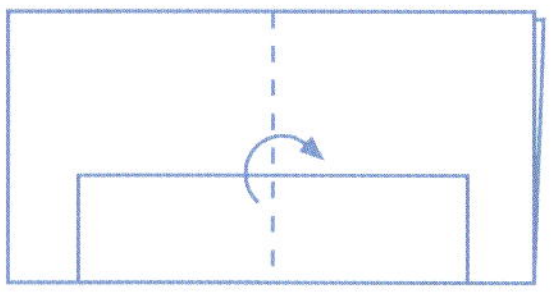

4
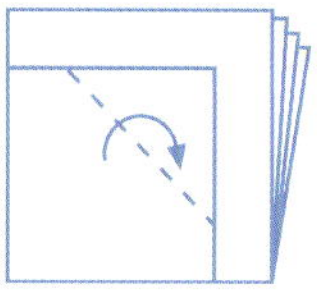

5
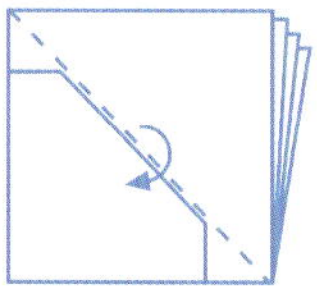

6
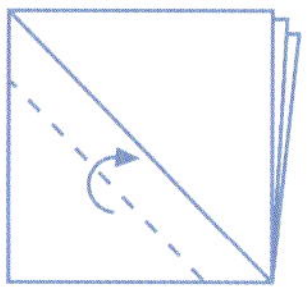

7
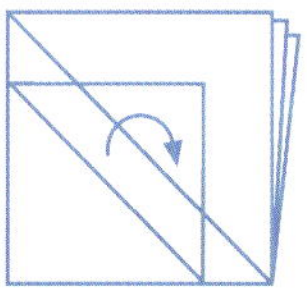

8
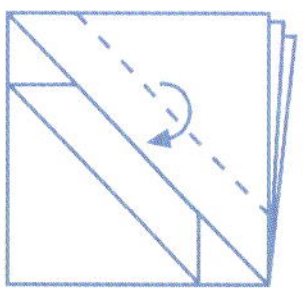

9
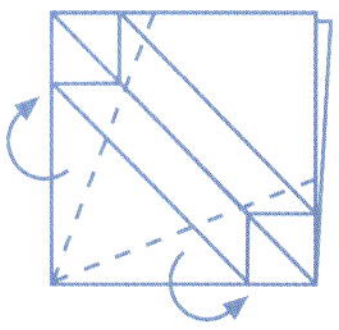

10
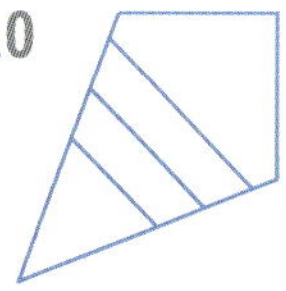

MATERIAL

- Vliesserviette in Weiß, 40,5 cm x 40,5 cm
- Papierserviette mit Blumenmuster in Bunt, 33 cm x 33 cm

1 Die Papierserviette mittig auf die Vliesserviette legen und beide Servietten genau in der Mitte nach hinten brechen (Abb. 1).

2 Die jetzt oben liegende Papierserviette vorne zur Hälfte nach unten brechen (Abb. 2).

3 Beide Servietten genau in der Mitte nach rechts brechen (Abb. 3). Alle offenen Seiten schauen nun nach rechts.

4 Die Spitze der Papierserviette nach innen brechen (Abb. 4).

5 Zuerst die obere Lage der Vliesserviette nach unten brechen (Abb. 5) und dann einmal zur Mitte hin (Abb. 6).

6 Davon die Spitze über die Hauptdiagonale nach innen falten (Abb. 7).

7 Die jetzt obere Lage der Vliesserviette nach unten falten und die Spitze unter das schon gefaltete Teil stecken (Abb. 8).

8 Die Seiten nach hinten brechen, sodass die Tüte entsteht (Abb. 9 und 10).

Mein Tipp für Sie

Mit Geschenken füllen In die Tasche kann auch eine Blüte oder ein kleines Überraschungspaket als Gastgeschenk gesteckt werden.

Raffiniert in Form

Für die Hochzeit ein Herz, für das Osterfrühstück ein Häschen, für das Weihnachtsessen einen Tannenbaum und für den maritimen Abend einen Fisch – in diesem Kapitel werden die Servietten raffiniert in Form gebracht und zeigen sich als wahre Verwandlungskünstler. Ihre Gäste werden begeistert sein!

Hase

ideal fürs Osterfrühstück

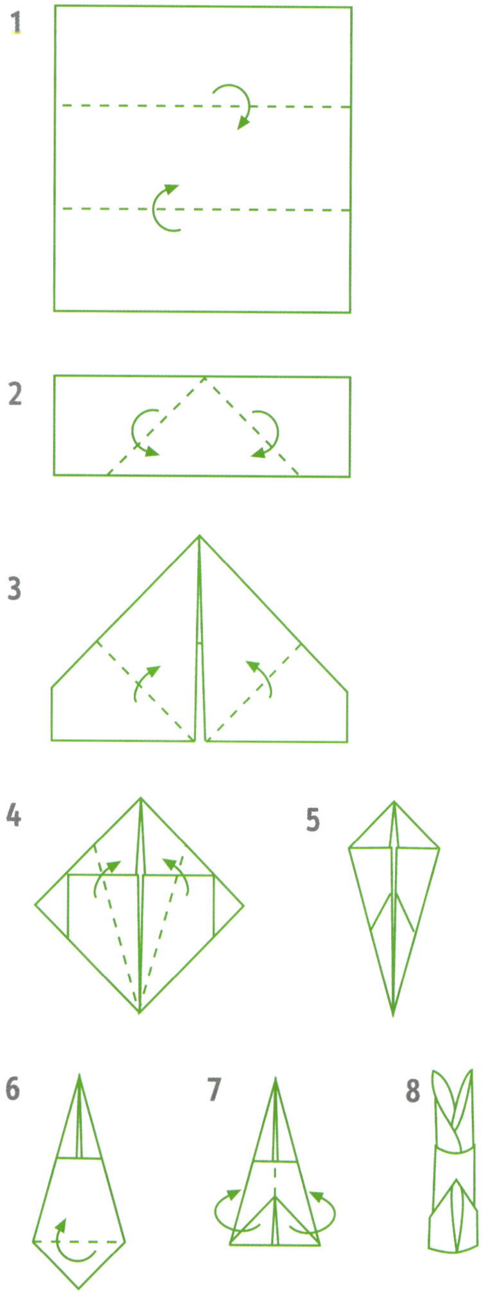

MATERIAL

* Vliesserviette in Beige, 40,5 cm x 40,5 cm

1 Die Serviette als Quadrat auf den Tisch legen. Den unteren Teil der Serviette zu einem Drittel nach oben und den oberen Teil zu einem Drittel nach unten brechen (Abb. 1).

2 Beide Hälften der Oberkante zur senkrechten Mittellinie nach unten brechen (Abb. 2).

3 Die rechte und linke untere Ecke zur Mittellinie brechen (Abb. 3).

4 Die rechte und linke Kante zur Mittellinie brechen (Abb. 4).

5 Die Serviette wenden, um 180° drehen und die untere Spitze nach oben brechen (Abb. 5 und 6).

6 Die Figur entlang der senkrechten Mitte zur Hälfte zusammenklappen (Abb. 7).

7 Mit den Daumen in die Ohren fahren und diese etwas drehen und breit drücken.

Mein Tipp für Sie

Bei allen beliebt Die Hasen-Faltung bietet sich natürlich besonders gut für das Osterfrühstück im Kreis der Familie an. Aber auch Kinder freuen sich am Kindergeburtstag über solch eine „tierische" Serviettenfaltung.

Fisch

passt zu Fischgerichten

MATERIAL
* Stoffserviette in Blau, 40 cm x 40 cm
* Tonkartonrest in Weiß
* Filzstift in Schwarz

VORLAGE
Seite 76

1 Die Serviette als Quadrat, das auf der Spitze steht, auf den Tisch legen und genau in der Mitte nach oben brechen (Abb. 1).

2 An der geraden Seite des Dreiecks die Serviette 3 cm nach oben brechen (Abb. 2 und 3).

3 Die Serviette umdrehen und die rechte und linke Spitze des Dreiecks auf die untere Spitze brechen (Abb. 4).

4 Die nach unten weisenden Spitzen als Flossen nach rechts und links brechen (Abb. 5 und 6). Den Fisch umdrehen (Abb. 7) und das aus Tonkarton ausgeschnittene und mit Filzstift angemalte Auge auflegen.

Mein Tipp für Sie

Wackelaugen Statt dem Tonkarton-Auge können Sie auch ein Wackelauge in passender Größe verwenden.

Stiefel

für den Nikolaus oder einfach so

1

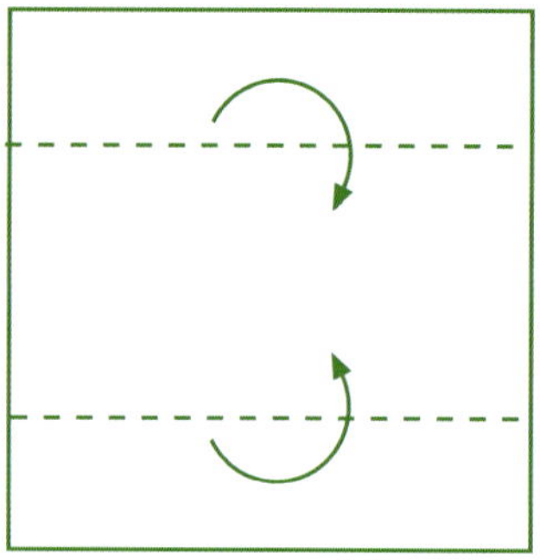

2

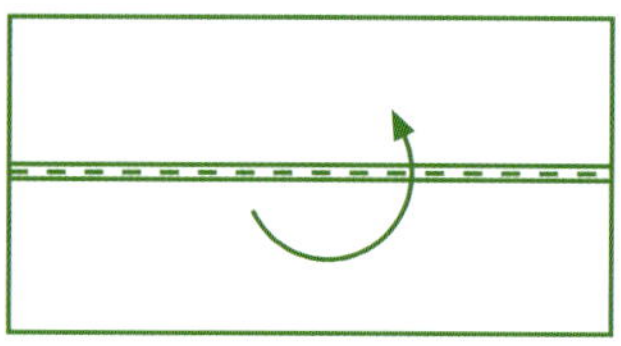

3

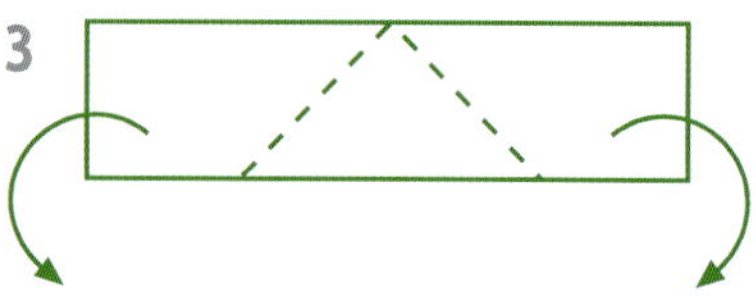

4

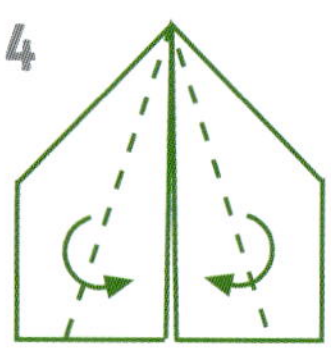

5

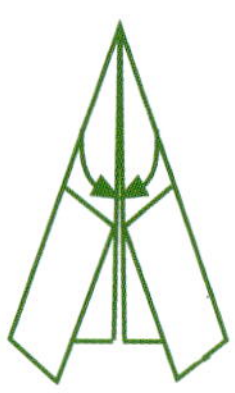

6

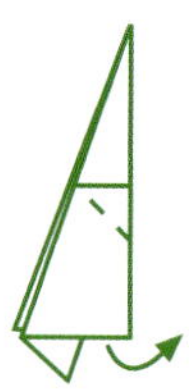

7

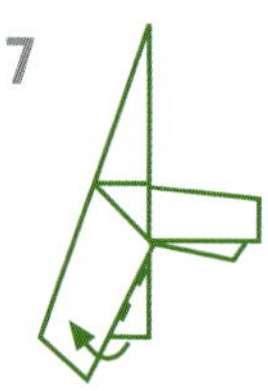

8

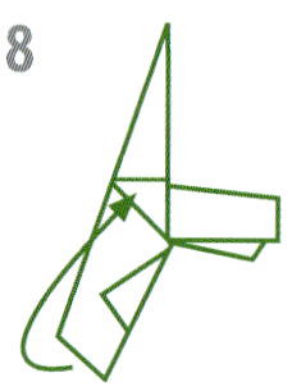

9

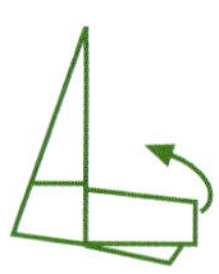

10

MATERIAL

* Vliessserviette in Rot, 40,5 cm x 40 ,5 cm

1 Die Serviette als Quadrat auf den Tisch legen. Das obere Viertel nach unten zur Mitte brechen, das untere Viertel nach oben (Abb. 1).

2 Die Unterkante auf die Oberkante brechen (Abb. 2).

3 Beide Hälften der Oberkante zur senkrechten Mittellinie nach unten brechen (Abb. 3).

4 Beide Hälften noch einmal zur Mittellinie brechen (Abb. 4).

5 Beide Hälften aufeinander legen (Abb. 5).

6 Die unten liegende Ecke nach oben rechts herum falten (Abb. 6).

7 Die liegen gebliebene Ecke nach oben falten (Abb. 7 und 8) und in die Falte stecken.

8 Den Stiefel aufstellen und den Schaft umschlagen (Abb. 9 und 10).

Mein Tipp für Sie

Leckere Füllung Stecken Sie Nüsse, Tannenzweige oder Süßigkeiten in die Öffnung des Stiefels, das sieht besonders hübsch aus.

Oh, Tannenbaum

für den Advents-Kaffee oder das Weihnachtsessen

1

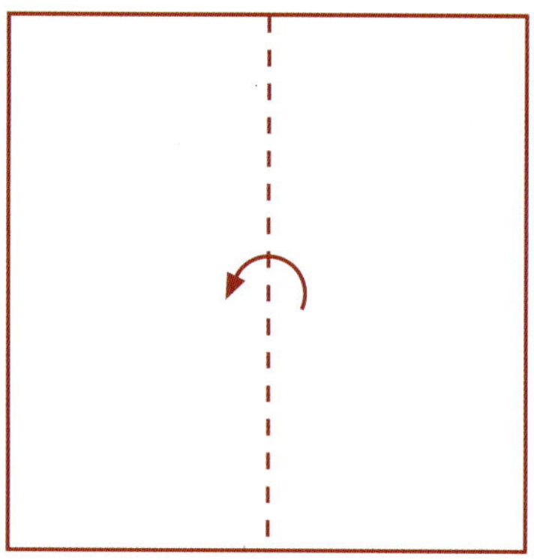

2

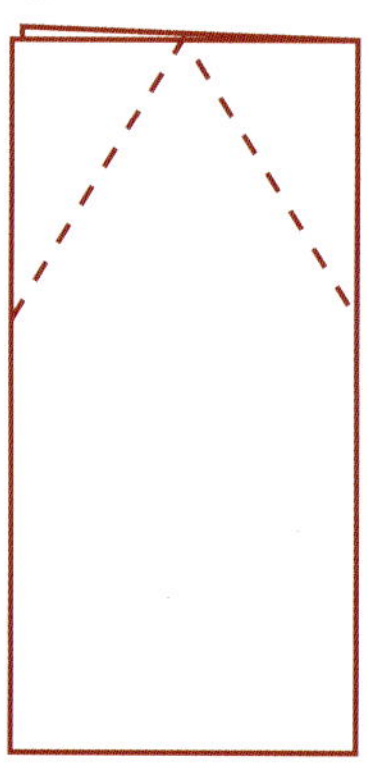

3

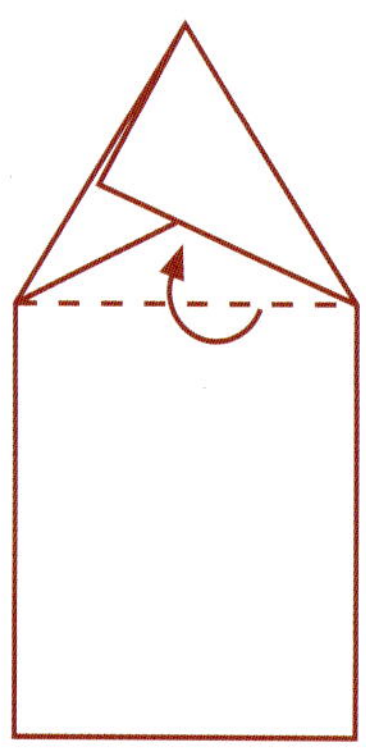

4

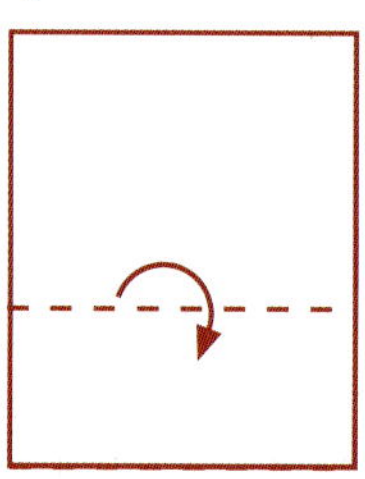

5

MATERIAL

* Vliesserviette in Rot, 40,5 cm x 40,5 cm
* Tonkartonrest in Weiß

VORLAGE

Seite 76

1 Die Serviette als Quadrat auf den Tisch legen und einmal senkrecht brechen (Abb. 1).

2 Die rechte und linke obere Ecke etwas über die Mitte brechen (Abb. 2).

3 Unterhalb des Dreiecks die Serviette wieder nach oben brechen und dann den größeren Teil wieder nach unten schlagen (Abb. 3 und 4).

4 Die Serviettenseiten an den senkrechten Linien nach innen klappen, sodass der Stamm des Baums entsteht (Abb. 5). Eventuell vorsichtig nachbügeln.

5 Die Sterne nach Vorlage aus Tonkarton ausschneiden und über dem Tannenbaum verteilen.

Mein Tipp für Sie

Süße Variante Statt der Sterne können Sie auch vorsichtig mit Klebefilm kleine, bunte Schokoladenkugeln als Christbaumkugeln auf die Serviette kleben. Das sieht auch sehr hübsch aus und begeistert vor allem Kinder!

Süße Überraschung

verführerisch

MATERIAL

* Japanserviette in Hellblau und Pink, ø 33 cm
* Pompon-Gimpe in Hellblau, ø 1 mm, 80 cm lang

ZUTATEN FÜR DIE APRIKOSENKUGELN
(für ca. 30 Stück)

* 15 entsteinte Trockenaprikosen
* 150 g gemahlene Mandeln
* 2 EL Honig
* 100 g Kokosraspeln

1 Für die Aprikosenkugeln die Aprikosen in Wasser einweichen. Dann die gemahlenen Mandeln und die abgetropften Aprikosen zusammen mit dem Honig fein pürieren. Die Masse zu einem festen Teig verkneten, mit den Händen kleine Kugeln daraus formen und in den Kokosraspeln wälzen. Im Kühlschrank sind die Aprikosenkugeln ein bis zwei Wochen haltbar.

2 Jeweils eine Aprikosenkugel in die beiden übereinander gelegten Servietten legen und diese mit der Pompon-Gimpe verschließen.

Mein Tipp für Sie

Variation Selbstverständlich können Sie auf diese Art auch fertig gekaufte Süßigkeiten oder andere kleine Gastgeschenke verpacken.

Orientalischer Perlen-Serviettenring

liegt im Trend

MATERIAL

- Golddraht, ø 0,3 mm und 0,5 mm
- Aludraht in Gold, ø 2 mm, 66 cm lang
- Rocailles in Gold, ø 2,6 mm
- Plastikeiswürfel mit Loch, 8 x in Gelb und 8 x in Rot, 1 cm x 1,5 cm
- 2 Facettentropfen in Rot, 2,6 cm x 2,1 cm
- 4 längliche Facettentropfen in Rot, 4 cm lang
- 2 Facettenkugel in Rot, ø 2 cm
- 4 Plastikherzen in Rot, ø 1,2 cm
- Schaschlikstäbchen
- ggf. Seitenschneider (um Drähte abzuknipsen; alternativ: alte Schere)

1 Den Aludraht dreimal kreisförmig zu einem Ring mit ca. 7 cm Durchmesser biegen und an den Enden so mit dem dickeren Golddraht umwickeln, dass er nicht mehr aufspringen kann.

2 Auf ca. 3 m Golddraht mit ø 0,5 mm abwechselnd Plastikeiswürfel in Gelb und Rot auffädeln. Den Draht in den Zwischenräumen über einem Schaschlikstäbchen locken. Dann den gelockten Draht mit den Eiswürfeln über den Aludraht winden.

3 Jeweils zwischen zwei Eiswürfeln die Facettentropfen und die Facettenperlen am Ring befestigen. Dazu diese jeweils einzeln zusammen mit wenigen Rocailles auf kurze Stücke Golddraht mit ø 0,3 mm auffädeln und zwischen die Eiswürfel drahten.

Edel geprägt

immer wieder ein Blickfang

MATERIAL

* Stoffserviette in Weiß mit Außenkante in Hellgrau, 40 cm x 40 cm
* Filz in Grau, 3 mm stark, 6,5 cm x 18 cm
* Prägefolienrest in Silber
* Präge- oder Bleistift
* UHU Alleskleber kraft
* Filzunterlage (zum Prägen)
* Zackenschere

VORLAGE
Seite 76

1 Die Serviette als Quadrat auf den Tisch legen und in der Mitte nach oben brechen (Abb. 1). Dann die Serviette noch einmal nach oben brechen (Abb. 2), sodass ein Streifen entsteht.

2 Den Filzstreifen zuschneiden, um die Serviette legen und hinten zusammenkleben.

3 Aus der Prägefolie nach Vorlage mit der Zackenschere ein Rechteck ausschneiden. Dieses auf die Filzunterlage legen und mithilfe eines Präge- oder Bleistifts die Initialen frei Hand einprägen. Die Prägefolie auf den Filzstreifen kleben.

1
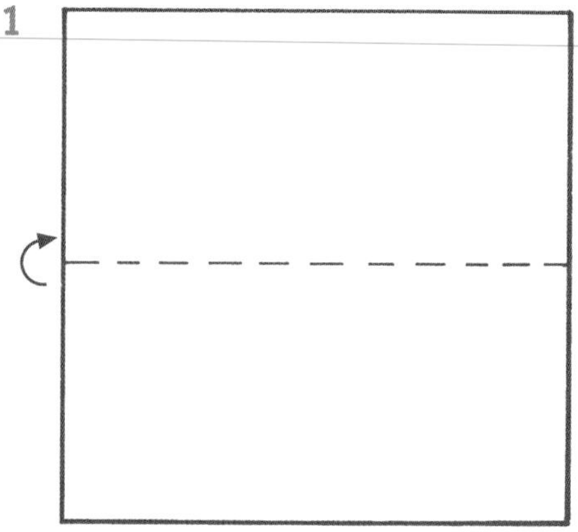

2
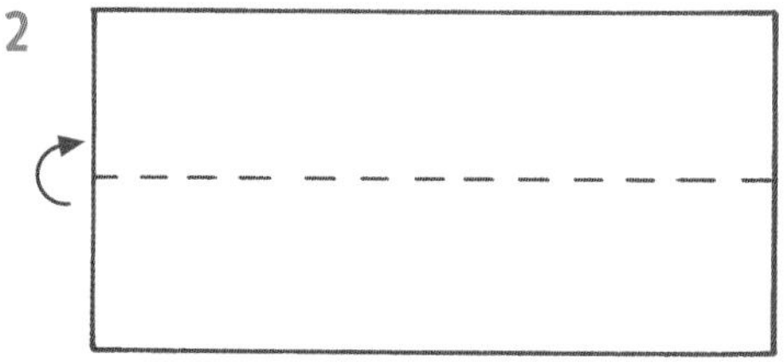

Mein Tipp für Sie

Muster variieren Sie können natürlich auch Ornamente o.Ä. in die Metallfolie einprägen, das sieht sehr hübsch aus!

Serviettentasche aus Filz

liegt voll im Trend

MATERIAL

* Textilfilz in Hellgrün, 4 mm stark, 30 cm x 45 cm
* Textilfilzrest in Mais, 4 mm stark
* Bastelfilzrest in Hellgrün, 1 mm stark
* Glaswürfel in Orange, 6 mm x 6 mm
* Druckknopf in Schwarz, ø 7 mm
* Baumwoll-Perlgarn in Gelb meliert
* Nähseide in Hellgrün
* Nähnadel

VORLAGE

Seite 77

1 Die Blume selbst aus dem Textilfilz, die Blütenmitte aus dem Bastelfilz nach Vorlage ausschneiden.

2 Von der hellgrünen Textilfilzplatte 15 cm nach oben umschlagen und an beiden Seiten mit Perlgarn im Überwendlingsstich (siehe Skizze) umnähen.

3 Das obere Drittel der Filztasche nach unten umschlagen und die Blume zusammen mit der Perle auf der Klappe der Servietten-Filztasche mit Nähseide festnähen. Auf der Unterseite der Klappe den Druckknopf befestigen.

Für Romantiker

für den italienischen Abend zu zweit

MATERIAL

- Vliesserviette in Rot, 30 cm x 30 cm
- Fotokartonrest in Rot
- Satinband in Grün, 3 mm breit, 1 m lang
- frischer Rosmarinzweig, 30 cm lang
- Cutter
- Lochzange

VORLAGE
Seite 76

1

2
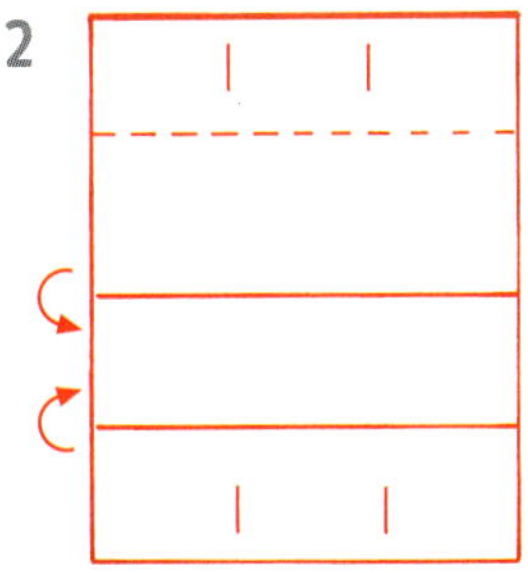

1 Die geöffnete Serviette als Quadrat auf den Tisch legen, in der Mitte nach unten brechen, an den Seiten einschlagen und als Dreieck aufstellen (Abb. 1 und 2).

2 Mit einem Cutter auf beiden Seiten je zwei Schlitze von 1 cm Länge in die Serviette einschneiden (dafür die Serviette ggf. nochmal auffalten) und den Rosmarinzweig einfädeln.

3 Aus dem Fotokarton nach Vorlage zwei Herzen ausschneiden, lochen und an die Bandenden knoten. Die Herzen nach Wunsch noch beschriften und das Satinband an den Rosmarinzweig knoten.

Im Japanstil

einfach, aber wirkungsvoll

MATERIAL

* Vliesserviette in Weiß, 40,5 cm x 40,5 cm
* 2 frische Binsenblätter

Mein Tipp für Sie

Getrocknetes Blatt Die Binsenblatt-Dekoration sieht auch im getrockneten Zustand sehr schön aus, ist dann aber extrem empfindlich!

1 Die Serviette als Quadrat auf den Tisch legen, die Spitze zeigt nach unten. Dann die Serviette von links nach rechts aufrollen.

2 Ein Binsenblatt um die Serviette wickeln und verknoten. Das andere Binsenblatt der Länge nach einschieben.

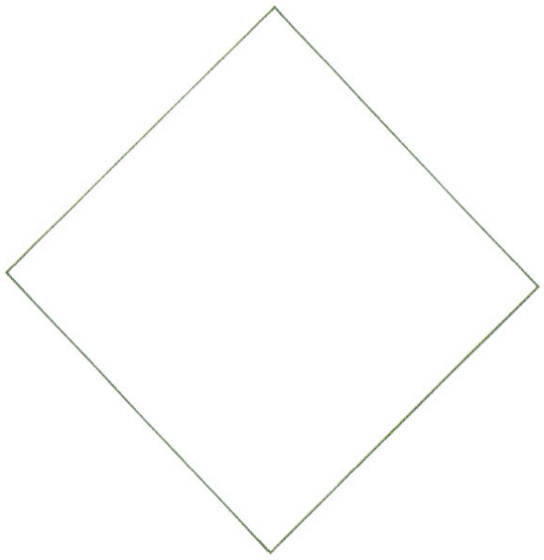

Mit Lederpapier

ausgefallen

MATERIAL

* Leinenserviette mit Hohlsaum in Weiß, 30 cm x 30 cm
* Lederpapier in Dunkelbraun, 20 cm x 30 cm
* Lederband in Braun, ø 2 mm, 1 m lang
* Lochzange
* feiner Ölmalstift in Weiß

1 Die Stoffserviette in der Mitte zusammenfalten.

2 Aus dem Lederpapier einen Streifen von 9 cm Breite und 27 cm Länge vorsichtig ausreißen und mittig um die Serviette legen. Die Enden einschlagen und mit der Lochzange zwei Löcher einknipsen.

3 Das Lederband durchziehen. Dazu das Lederband zur Hälfte legen und von unten nach oben durch beide Löcher ziehen. Oben wie abgebildet eine Schlinge knoten, damit das Band nicht wieder zurückrutschen kann. Unter dem unteren Loch das Band ebenfalls mit einem Knoten versehen.

4 Noch ein kleines Stück Lederpapier von 4 cm x 3 cm Größe ausreißen, lochen und unten an einem Lederbandende befestigen.

5 Zum Schluss die Initialen des Gastes auf das Lederband schreiben.

Materialien und Werkzeuge

STOFFSERVIETTEN sehen besonders edel und festlich aus. Neutrale Baumwollservietten passen zu allen Stilen. Leinen wirkt eher rustikal, Damast, Jacquard und Satin eignen sich für festliche Anlässe. Die zweckmäßigste Größe ist 50 cm x 50 cm, es können aber auch Stoffservietten in der Größe 40 cm x 40 cm verwendet werden.

SPRÜHSTÄRKE ist ein Muss bei Stoffservietten, wenn die gewünschte Faltung exakte Kanten und viel Stabilität erfordert.

VLIESSERVIETTEN sind ein guter Ersatz für Stoffservietten, weil sie ebenfalls relativ stabil und schön zu greifen sind.
Sie sind in der Regel 40,5 cm x 40,5 cm groß und sowohl einfarbig als auch gemustert erhältlich. Sie können bei schwacher Hitze gebügelt werden.

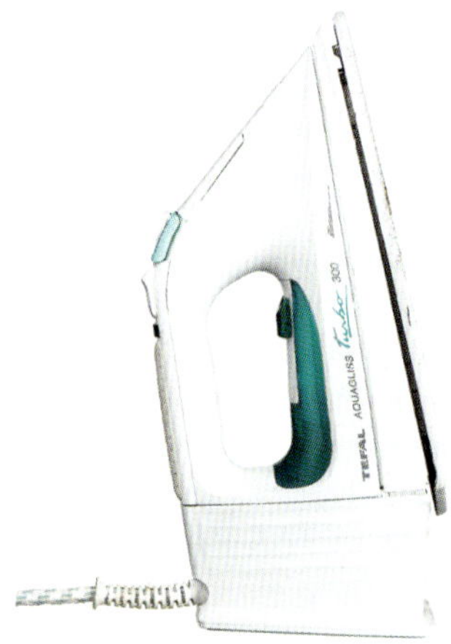

Ein BÜGELEISEN ist zum Glätten der frisch gewaschenen Stoffservietten unersetzlich. Aber auch beim Falten der Servietten können die Kanten durch leichtes Bügeln zusätzlich verstärkt werden.

PAPIERSERVIETTEN sind recht günstig und in einer großen Farb- und Musterauswahl im Handel zu haben. Allerdings eignen sie sich aufgrund ihrer Größe – Standard-Papierservietten sind nur 33 cm x 33 cm groß – nicht für alle Faltungen.

So wird's gemacht

Servietten falten

1 Die gewünschte Serviette auswählen. Stoffservietten mit Sprühstärke einsprühen und dann glattbügeln, sodass Knicke und Falten entfernt werden. Vliesservietten lassen sich bei schwacher Temperatur ebenfalls mit dem Bügeleisen glätten. Papierservietten müssen nicht vorbereitet werden.

2 Nun können Sie die Serviette gemäß der jeweiligen Anleitung falten. Beim Falten von gestärkten Servietten entsteht ein Geräusch, deshalb spricht man auch vom „Servietten brechen". Die Knicke sollten Sie gut festklopfen, damit die Faltung in Form bleibt.

Meine Tipps für Sie

Vorhandene Knicke Manche Papier- und Vliesservietten werden unter Wärme vom Hersteller schon vorgefaltet geliefert. Da diese Knicke schlecht zu entfernen sind, ist es besser, damit Faltungen zu machen, in denen diese Knicke sowieso schon in der Faltung vorkommen.

Servietten aufbewahren Frisch gewaschene Stoffservietten sollten nicht zusammengelegt aufbewahrt werden, um unerwünschte Knicke zu vermeiden, die hinterher beim Falten stören könnten.

Servietten bügeln Beim Bügeln oder Mangeln sollte man darauf achten, dass die Stoffservietten nicht verzogen werden, damit man exakt quadratische Servietten hat, denn diese sind die beste Voraussetzung für eine gelungene Faltung.

Vorlagen übertragen

1 Das Motiv zuerst auf normales Transparentpapier abpausen und ausschneiden.

2 Dann die Transparentpapier-Schablone auf den gewünschten Untergrund (hier z.B. farbiges, gemustertes Transparentpapier) auflegen, die Umrisse mit Bleistift nachziehen und das Motiv ausschneiden.

Hinweis: Wenn Sie ein Motiv sehr häufig ausschneiden wollen (z.B. wenn Sie es für eine große Tischgesellschaft mehrfach benötigen), dann empfiehlt es sich, dafür mit Pappschablonen zu arbeiten. In dem Fall das Motiv wie oben beschrieben auf Transparentpapier abpausen, dieses dann auf ein Stück dünne Pappe kleben und die Schablone daraus ausschneiden. Im Gegensatz zu den Transparentpapierschablonen sind die Pappschablonen stabiler und dadurch häufiger zu verwenden.

Edel geprägt
SEITE 66

Serviettenschiffchen
SEITE 50

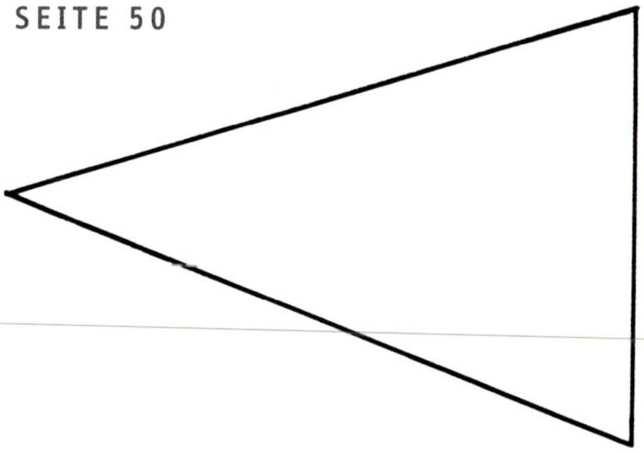

Oh, Tannenbaum
SEITE 60

Für Romantiker
SEITE 79

Duftig-zarter Schmetterling
SEITE 70

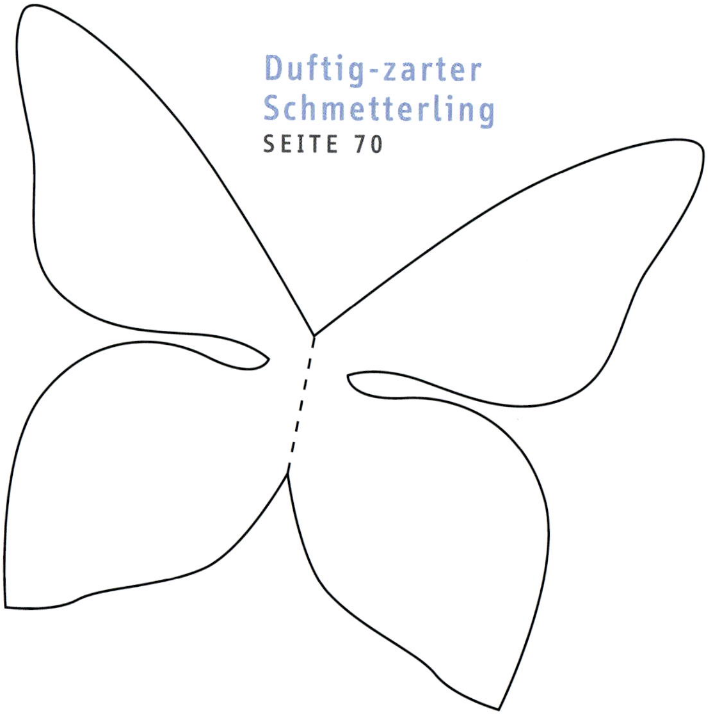

Fisch
SEITE 56

Serviettentasche aus Filz

SEITE 68

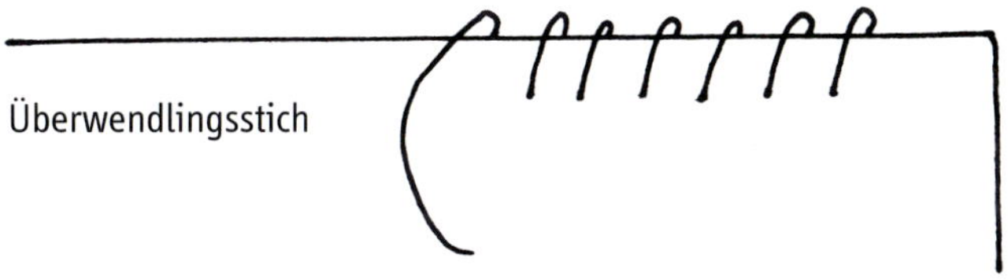

Serviettentasche aus Filz

SEITE 68

bitte auf 200 % vergrößern

Buchempfehlungen für Sie

TOPP 3745

ISBN 978-3-7724-3745-8

TOPP 5055

ISBN 978-3-7724-5055-6

TOPP 5555

ISBN 978-3-7724-5555-1

TOPP 3737

ISBN 978-3-7724-3737-3

TOPP 3653

ISBN 978-3-7724-3653-6

TOPP 3655

ISBN 978-3-7724-3655-0

TOPP 3654

ISBN 978-3-7724-3654-3

TOPP 3573

ISBN 978-3-7724-3573-7

TOPP 5294

ISBN 978-3-7724-5294-9

TOPP 5154

ISBN 978-3-7724-5154-6

TOPP 5554

ISBN 978-3-7724-5554-4

TOPP 5067

ISBN 978-3-7724-5067-9

TOPP 5507

ISBN 978-3-7724-5507-0

Die Autorinnen

Sieglinde Holl lebt in Baden-Württemberg und hatte bis 1996 einen Bastelladen. Sie ist seit über 25 Jahren als Autorin für den frechverlag tätig und hat bereits über 170 Bastelbücher zu den verschiedensten Techniken veröffentlicht. Inzwischen macht sie viele Titel zusammen mit ihrer Tochter Stephanie Göhr. Ihre Schwerpunkte sind Floristik, Geldgeschenke und natürlich Servietten falten.

Roswitha Oehler ist in Karlsruhe geboren und arbeitet als Abteilungsleiterin und Einkäuferin im Fachhandel für Künstlerbedarf und kreative Hobbys. Ihre künstlerischen Kenntnisse reichen von Metallbearbeitung über Papierschöpfen, Kartengestaltung für jeden Anlass und Tischdekorationen bis hin zu Floristik. Außerdem malt sie in verschiedenen Techniken und präsentiert ihre Bilder immer wieder in Ausstellungen.

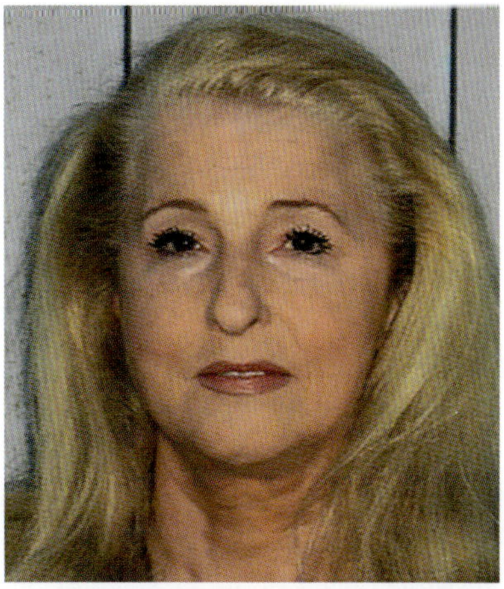

TOPP – Unsere Servicegarantie

WIR SIND FÜR SIE DA! Bei Fragen zu unserem umfangreichen Programm oder Anregungen freuen wir uns über Ihren Anruf oder Ihre Post. Loben Sie uns, aber scheuen Sie sich auch nicht, Ihre Kritik mitzuteilen – sie hilft uns, ständig besser zu werden.

Bei Fragen zu einzelnen Materialien oder Techniken wenden Sie sich bitte an unsere Kreativ-Hotline, Frau Erika Noll.

Das Produktmanagement erreichen Sie unter:

pm@frechverlag.de
oder:
frechverlag
Produktmanagement
Turbinenstraße 7
70499 Stuttgart
Telefon 07 11 / 8 30 86 68

LERNEN SIE UNS BESSER KENNEN! Fragen Sie Ihren Hobbyfach- oder Buchhändler nach unserem kostenlosen Kreativmagazin **Meine kreative Welt**. Darin entdecken Sie vierteljährlich die neuesten Kreativtrends und interessantesten Buchneuheiten.

Oder besuchen Sie uns im Internet! Unter **www.frechverlag.de** können Sie sich über unser umfangreiches Buchprogramm informieren, unsere Autoren kennenlernen sowie aktuelle Highlights und neue Kreativtechniken entdecken, kurz – die ganze Welt der Kreativität.

Kreativ immer up to date sind Sie mit unserem monatlichen **Newsletter** mit den aktuellsten News aus dem frechverlag, Gratis-Bastelanleitungen und attraktiven Gewinnspielen.

Kreativ-Hotline

Hilfestellung zu allen Fragen, die Materialien und Bücher zu kreativen Hobbys betreffen:
Frau Erika Noll berät Sie. Rufen Sie an oder schreiben Sie eine E-Mail!

Telefon: 0 50 52 / 91 18 58*

*normale Telefongebühren

E-Mail: mail@kreativ-service.info

Impressum

Überarbeitete Neugestaltung von TOPP 5247

MODELLE: Sieglinde Holl (S. 8/9, 11–35, 38–43, 48/49, 52–65, 68, 70/71), Roswitha Oehler (S. 10, 36/37, 46/47, 50/51, 66/67, 69, 72, 73)

FOTOS: frechverlag GmbH, 70499 Stuttgart; Fotostudio Ullrich & Co., Renningen (Umschlag und alle Serviettenfaltungen); © iStockphoto (S. 4: annestahl, S. 28: Goldenberg, S. 44: MentalArt; © fotolia (S. 6: pressmaster, S. 62: Stjepan Banovic)

PRODUKTMANAGEMENT UND LEKTORAT: Claudia Mack

GESTALTUNG: Petra Theilfarth

DRUCK UND BINDUNG: Finidr, s.r.o., Cesky Tesin, Tschechische Republik

Auflage: 5. 4. 3. 2. 1.
Jahr: 2013 2012 2011 2010 2009 [Letzte Zahlen maßgebend]

ISBN 978-3-7724-5633-6 • Best.-Nr. 5633

DANKE!

Wir danken der Firma Arzberg-Porzellan GmbH dafür, uns Geschirr für die Fotoproduktion zur Verfügung gestellt zu haben.